ESCRITO POR
CLEBER GALHARDI

ILUSTRADO POR
RAFAEL SANCHES

O SEGREDO QUE O JARDIM ENSINOU

boa**nova**
editora

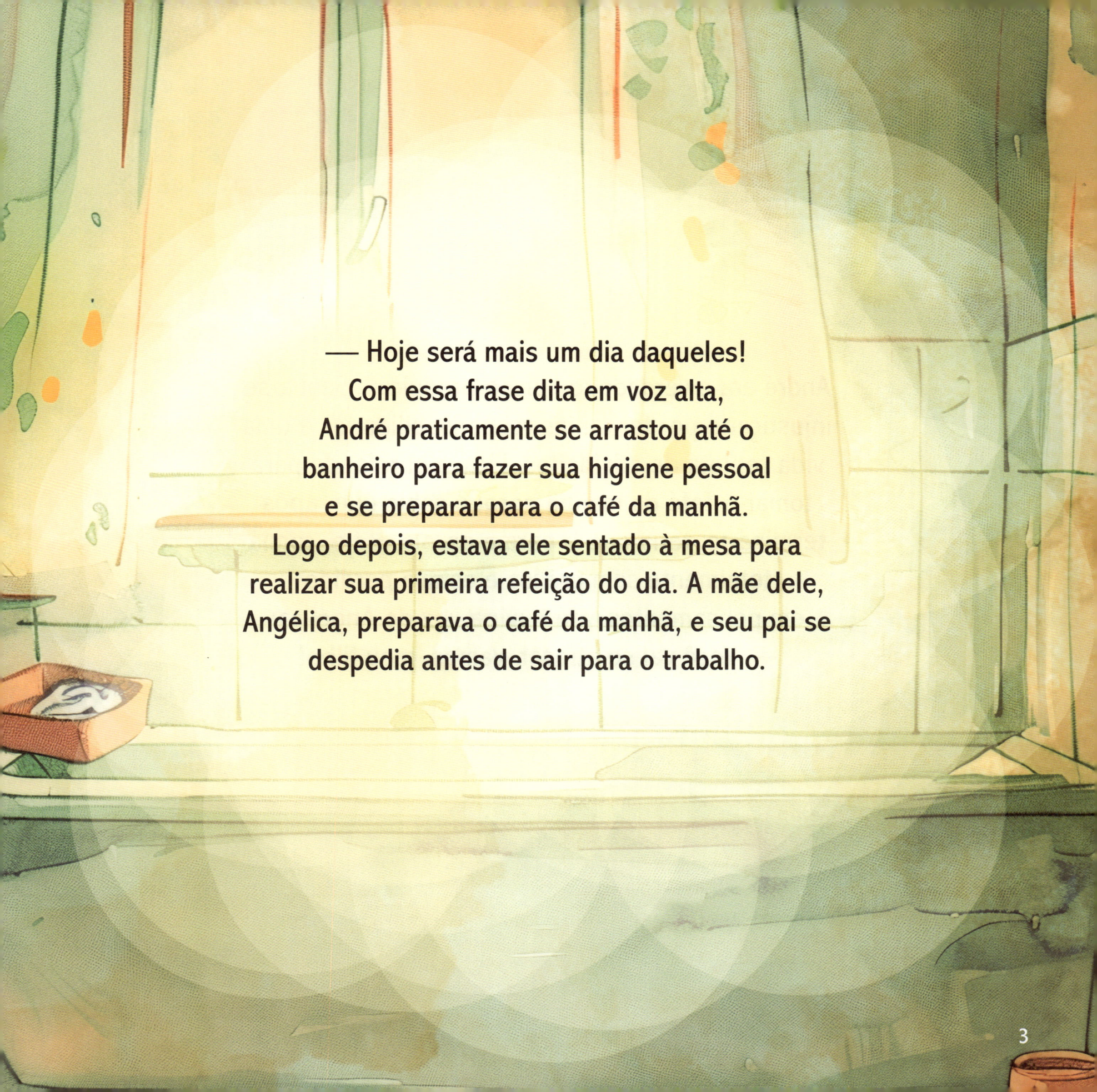

— Hoje será mais um dia daqueles!
Com essa frase dita em voz alta,
André praticamente se arrastou até o
banheiro para fazer sua higiene pessoal
e se preparar para o café da manhã.
Logo depois, estava ele sentado à mesa para
realizar sua primeira refeição do dia. A mãe dele,
Angélica, preparava o café da manhã, e seu pai se
despedia antes de sair para o trabalho.

André era o verdadeiro "bicho-preguiça". Sentia-se injustiçado por ter tantas responsabilidades e uma vida repleta de atividades. Ficava enrolando para tomar o café da manhã porque sabia que, após terminá-lo, teria que ir para a escola. Hoje, comia totalmente sem pressa e estava perdido em pensamentos, até ouvir a voz de Angélica:

— Você vai se atrasar. Vamos, meu filho!

Devagar, o garoto se levantou e caminhou lentamente
até o carro da mãe, onde ela já o aguardava. Abriu a porta
e sentou-se. Durante todo o trajeto, pouco falou; respondia
com "sim" ou "não" às perguntas e aos comentários de Angélica.
André, indignado com tantas coisas para
fazer, pegou o caderno e começou escrever uma lista
de todos os compromissos do dia.

✓ Levantar cedo.
✓ Higiene pessoal.
✓ Escola.
✓ Dever de casa.
✓ Inglês.
✓ Estudar para prova.
✓ Tomar banho.
✓ Escovar os dentes etc., etc.

— Não consigo entender o motivo de tanta coisa para fazer. Qual a razão para tudo isso? Como seria bom se eu não precisasse fazer nada!

Após ter falado essa última frase, André começou a imaginar como seria bom não fazer nada: sem precisar acordar cedo, sem escola, sem cobrança para tirar nota. Passaria o dia todo jogando videogame e conversando com os amigos nas redes sociais.

— Isso sim seria uma vida perfeita! — resmungou.

Os pensamentos de André foram
interrompidos pelo som do sinal da
escola, que indicava o final da aula.
André juntou o material com
rapidez, despediu-se dos amigos
e seguiu em direção ao carro
onde seu pai, Pedro, o aguardava. Essa
era a rotina: a mãe o levava
para os estudos e o pai o buscava.

Dentro do carro, André não disse uma
palavra. Estava irritado com
sua vida. Ao chegar
em casa, informou aos pais que
não iria almoçar e foi logo para o quarto.

Deitou-se na cama, com uma preguiça maior
que a de costume, e ficou imaginando novamente sua
vida ideal. Pouco depois, adormeceu e teve um
sonho bem parecido com tudo o que havia imaginado
na sala de aula e durante o repouso em sua cama.
Acordou quando estava quase anoitecendo...
Sua mãe entrou no quarto, olhou rapidamente
ao redor e perguntou:

— Filho, é impressão minha ou você não fez o
dever de casa? Também não estudou inglês; a
mochila está do jeito que chegou da escola...
André olhou para ela, sentindo indignação
por ser questionado, e falou:

— Mãe, eu não entendo: por que tenho tantas
responsabilidades? Não consigo entender a razão
de ter que ficar fazendo tanta coisa!

Ele olhou nos olhos da mãe e continuou:

— Seria muito melhor se eu não
tivesse nada para fazer...

Angélica também o olhou e respondeu:

— Todos nós temos responsabilidades
na vida! Nossos desafios servem para
nos tornar melhores...

Ela segurou na mão dele e lhe fez um convite:

— Vamos para o jardim que eu tenho
uma coisa para te mostrar.

Demonstrando pouca vontade,
André segurou na mão de sua mãe
e a acompanhou. Em pouco tempo,
estavam no jardim. Eles se aproximaram
de uma pequena árvore e
Angélica apontou para algo.
André observou o que ela havia
indicado e perguntou:
— O que é isso?

Angélica sorriu e respondeu:

— Isso é um casulo. Dentro dele está uma lagarta que em breve passará por uma transformação.

— Como assim?

— Daqui a uns dias, a lagarta vai quebrar o casulo e se transformará em borboleta. Para isso será necessário que ela se esforce. Somente após muita dedicação é que ela vai conseguir se desfazer dele e será capaz de bater as asas, tornando-se uma borboleta. Peço que venha comigo durante os próximos dias para acompanhar essa mudança.

Durante os dias que se seguiram, mãe e filho
acompanharam a luta da lagarta para se
transformar em borboleta. O menino
ficou admirado com o processo, até que
um dia chegaram ao local e lá estava uma
linda borboleta batendo as asas.

— Mãe, ela conseguiu!!!
Angélica, percebendo
a alegria de André,
aproveitou para
ensinar uma lição muito
importante ao filho:
— Quando chega o
momento de sair do
casulo, a borboleta
precisa romper a
estrutura por conta
própria. Esse ato de
quebrar o casulo é
importante por
várias razões:

"**Fortalecimento das asas:** o esforço necessário para sair do casulo ajuda a bombear fluidos das veias para as asas, permitindo que elas se expandam e se tornem fortes o suficiente para voar. Se a borboleta não fizer esse esforço, as asas podem não se desenvolver adequadamente e ela não conseguirá voar.

"**Desenvolvimento muscular:** o processo de quebrar o casulo também fortalece os músculos do corpo da borboleta, especialmente aqueles necessários para o voo e para outras atividades vitais.

"**Preparação para a vida adulta:** a luta para sair do casulo é uma forma de preparação para os desafios que a borboleta enfrentará como adulta. Esse processo ajuda a garantir que ela esteja em condições físicas ideais para buscar alimento, reproduzir-se e evitar predadores."

Olhando serenamente para o
menino, ela acrescentou:
— André, muitas vezes, os desafios e as
responsabilidades da vida são como o casulo
da borboleta. Eles existem para nos fortalecer, nos
ensinar lições valiosas e nos preparar
para as jornadas que ainda estão por vir. Aceitar
a vida com paciência não significa desistir, mas
sim reconhecer que cada experiência, por mais
difícil que seja, tem um propósito.

Depois de uma breve pausa, continuou:

— É por isso que você tem seus estudos e deveres para fazer. Eles são necessários para o seu crescimento, para desenvolver suas habilidades e torná-lo uma pessoa melhor. Quanto mais rápido aceitar suas provas e desafios sem reclamar, mais rápido será o seu aprendizado.

— Entendi — concordou o garoto.

Angélica abraçou o filho e o convidou para entrar. Enquanto caminhavam, ela prosseguiu com seus comentários:

— Neste mundo, meu filho, temos necessidade de ser provados para crescer interiormente. Isso quer dizer que durante nossa passagem pela vida sempre teremos algo para melhorar. Não fuja das responsabilidades. Enfrente cada uma delas, tenha fé em Deus e saiba que tudo tem uma razão de ser. A crisálida, dentro do casulo, não reclama pelo dever de ter que quebrá-lo para poder voar. Tenha certeza de que é uma tarefa difícil, mas ela a enfrenta e se torna uma criatura melhor!

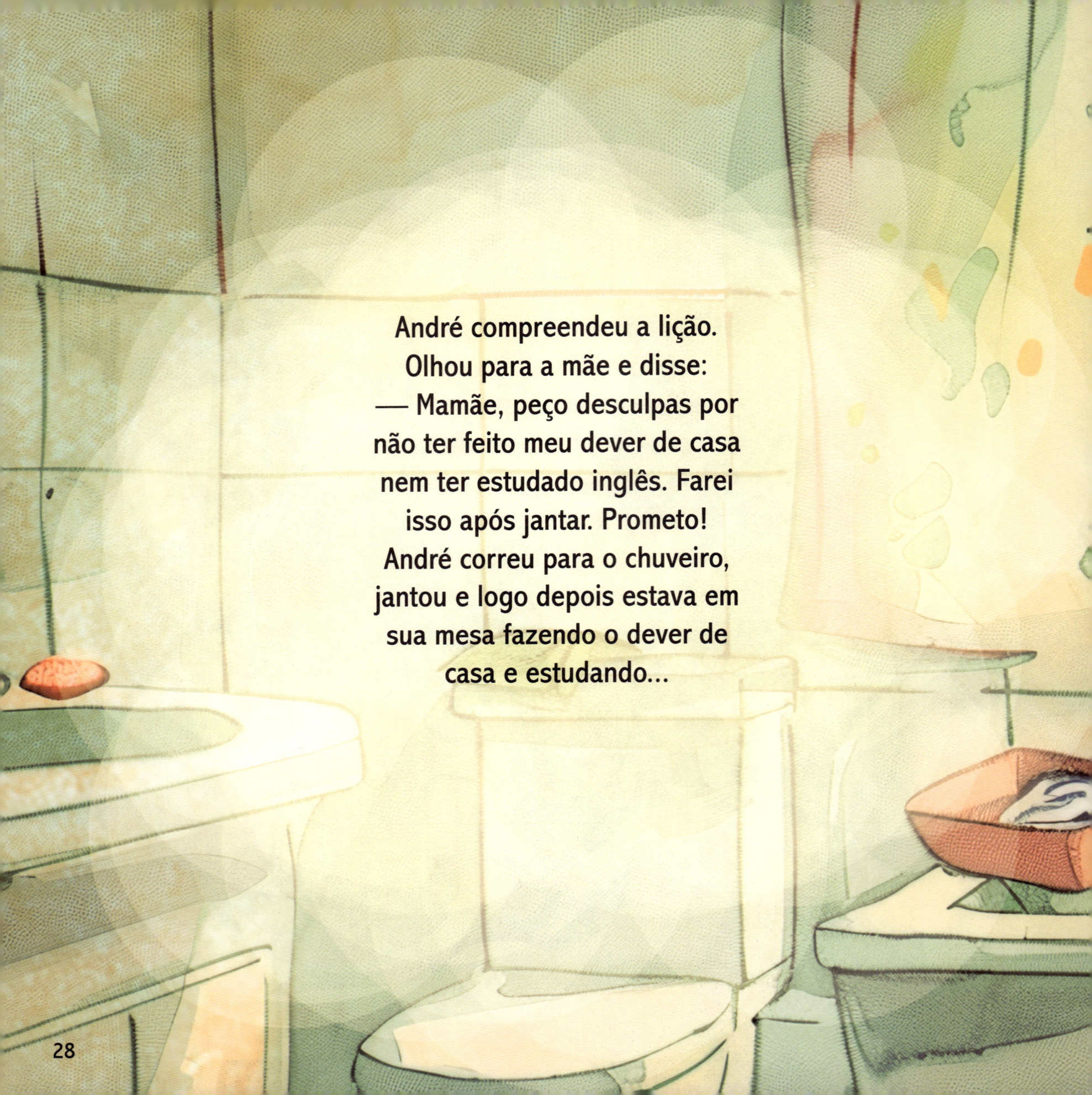

André compreendeu a lição.
Olhou para a mãe e disse:
— Mamãe, peço desculpas por
não ter feito meu dever de casa
nem ter estudado inglês. Farei
isso após jantar. Prometo!
André correu para o chuveiro,
jantou e logo depois estava em
sua mesa fazendo o dever de
casa e estudando...

Na manhã do dia seguinte,
o despertador tocou.
André pulou da cama e
disse em voz alta:
— Hora de voar!
Feliz, o garoto se preparou
para iniciar seu dia.

Levamos o livro espírita cada vez mais longe!

📍 Av. Porto Ferreira, 1031 | Parque Iracema
CEP 15809-020 | Catanduva-SP

🌐 www.**boanova**.net

✉ boanova@boanova.net

📞 17 3531.4444

💬 17 99257.5523

Siga-nos em nossas redes sociais.

   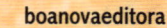

@boanovaed   boanovaeditora

CURTA, COMENTE, COMPARTILHE E SALVE.

utilize #boanovaeditora

 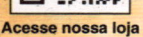 

Acesse nossa loja   Fale pelo whatsapp